BEI GRIN MACHT SICH IHR WISSEN BEZAHLT

- Wir veröffentlichen Ihre Hausarbeit, Bachelor- und Masterarbeit

- Ihr eigenes eBook und Buch - weltweit in allen wichtigen Shops

- Verdienen Sie an jedem Verkauf

Jetzt bei www.GRIN.com hochladen und kostenlos publizieren

Jessica Voigt

Zu: Janusz Korczak - "Das Kind im Internat"

GRIN Verlag

Bibliografische Information der Deutschen Nationalbibliothek:

Die Deutsche Bibliothek verzeichnet diese Publikation in der Deutschen National-
bibliografie; detaillierte bibliografische Daten sind im Internet über http://dnb.d-
nb.de/ abrufbar.

Dieses Werk sowie alle darin enthaltenen einzelnen Beiträge und Abbildungen
sind urheberrechtlich geschützt. Jede Verwertung, die nicht ausdrücklich vom
Urheberrechtsschutz zugelassen ist, bedarf der vorherigen Zustimmung des Verla-
ges. Das gilt insbesondere für Vervielfältigungen, Bearbeitungen, Übersetzungen,
Mikroverfilmungen, Auswertungen durch Datenbanken und für die Einspeicherung
und Verarbeitung in elektronische Systeme. Alle Rechte, auch die des auszugsweisen
Nachdrucks, der fotomechanischen Wiedergabe (einschließlich Mikrokopie) sowie
der Auswertung durch Datenbanken oder ähnliche Einrichtungen, vorbehalten.

Impressum:

Copyright © 2001 GRIN Verlag GmbH
Druck und Bindung: Books on Demand GmbH, Norderstedt Germany
ISBN: 978-3-638-93736-8

Dieses Buch bei GRIN:

http://www.grin.com/de/e-book/20275/zu-janusz-korczak-das-kind-im-internat

GRIN - Your knowledge has value

DAS KIND IM INTERNAT

Das Kind im Internat

Für das Referat zu dem Thema „Das Kind im Internat" beschäftigte ich mich mit dem Kapitel „Das Internat" aus dem Buch „Wie man ein Kind lieben soll", geschrieben im Jahre 1918 von Janusz Korczak.

Inhalt

1. Korczaks Idee, dieses Buch zu schreiben

Janusz Korczak beschreibt, dass er ein Buch über ein Internat schreiben will. Seine Erfahrung erhielt er durch seine Tätigkeit als aufsichtführender Erzieher in einem städtischen Internat mit 100 Waisenkindern in schulpflichtigem Alter. In diesem Internat sind nur wenige Erzieher und wenig Hauspersonal eingestellt.

Dieses Buch soll für „Pädagogen in der Gefängnis-Kaserne, wie sie das Internat ist" (S. 151 Mitte) und für „Erzieher in der Gefängnis-Zelle der Familie in der sich die Kinder von heute eingesperrt fühlen" (S. 151 Mitte) aufschlussreich sein und es soll möglichst kurz sein, weil ein Erzieher einen solch harten Arbeitsalltag hat, dass er keine Zeit oder Lust hat, ein Buch zu lesen

2. Internatserziehung

Korczak kritisiert die Erziehung im Internat, indem er sagt: „Sowohl im Internat als auch in der Familie werden die Kinder geplagt, [...] hartnäckig und ohne Hoffnung kämpfen sie für ihre Rechte." (S.151 Mitte) Dies revidiert er allerdings durch folgenden Kommentar selbst wieder: „Ich fürchte, die Leser könnten geneigt sein, mir Glauben zu schenken. Dann würde dieses Buch ihnen zum Schaden gereichen." (S. 151 unten)

Ein Erzieher verliert während seiner Arbeit an Schwung und Initiative, büßt seine Energie ein. Kleine Vergehen nimmt er absichtlich nicht mehr wahr und ist froh, wenn nichts Besonderes passiert. Früher hat er jeden Tag etwas Neues an den Kindern entdeckt, die Kinder waren ihm zugetan. Heute meiden sie ihn.

3. Ratschläge für Erzieher

Des Weiteren gibt Korczak den Erziehern mehrere Ratschläge, wie sie ein guter Erzieher werden:„Habe Mut zu dir selbst und suche deinen eigenen Weg. Erkenne dich selbst, bevor du Kinder zu erkennen trachtest. Unter ihnen allen bist du ein Kind, das du zunächst einmal erziehen und ausbilden musst." (S. 156 Mitte)

Ein Erzieher wird von den Kindern ebenso erzogen und eventuell „verdorben", wie er auch die Kinder erzieht. („...die Kinder, die du nicht nur erziehst, sondern von denen du selbst ebenfalls erzogen wirst, können dich auch verderben." S. 175 Mitte)

4. Verbote und Regeln

Einige Verbote und Regeln, die in einem Internat als normal angesehen werden, sieht Korczak als unnötig oder auch als schadend an. Zum Beispiel meint er zur Ruhe im Schlafsaal: „Anstatt eines Vergehens wird hier eine der tiefen Herzenssorgen deiner Kinder offenbar. Im Lärm und im Jahrmarktsgetümmel des Tages ist kein Platz für eine vertrauliche Mitteilung, eine trübe Erinnerung, einen herzlichen Rat, eine diskrete Frage." (S. 218 unten) Die Kinder brauchen diese Zeit im Schlafsaal, um solche intimen Gespräche führen zu können.

5. Pädagogik = Wissenschaft vom Menschen

Fortlaufend durch den gesamten Text betont Korczak, dass Pädagogik die Wissenschaft vom Menschen und nicht nur Wissenschaft vom Kind bedeutet. Er meint, es gäbe keine „Kinder an sich", denn auch sie sind Menschen. Zum Vergleich erläutert er, dass ein Kind in Erregung zuschlägt, während ein Erwachsener im Affekt mordet.

Auf die Frage, ob Kinder reif sind, antwortet Korczak sich selbst, dass ein Greis einen 40-jährigen für unreif hält. In der Welt der Kinder existieren ebenso Rechte, Wünsche, etc., die man, insbesondere als Erzieher, akzeptieren und ernstnehmen muss. („Hundert Kinder – Hundert Menschen, die nicht irgendwann einmal, sondern jetzt, schon heute Menschen sind. Keine Liliputwelt, sondern eine richtige Welt mit ihren Werten, Tugenden, Lastern, Bestrebungen und Wünschen, die durchaus nicht klein und gering, sondern wichtig sind, und nicht unschuldig, sondern eben menschlich." S.162 unten)

6. Erziehungsziel und Wirklichkeit

Es besteht ein gravierender Widerspruch zwischen dem Erziehungsziel, welches von der Gesellschaft erwartet wird, und den in der Wirklichkeit notwendigen Zielen.

Die Kinder sollen sich untereinander lieben, aber müssen auf den Hass in der Gesellschaft vorbereitet werden, man soll sie zu Aufrichtigkeit erziehen obwohl die Welt verlogen ist und Aufrichtigkeit als Unverschämtheit angesehen wird. („Schließlich, wenn das Leben Krallen erfordert, haben wir dann das Recht, die Kinder nur mit Schamröte und leisem Seufzen auszurüsten?" S. 206 unten)

Die Gesellschaft erwartet vom Erzieher, dass er die Kinder zurechtbiegt, dressiert und für die Umwelt genießbar macht. Ein wenig Disziplin muss eingeführt werden, damit der Erzieher das erforderliche Minimum an Ordnung erreicht. („In loser Gruppierung ohne feste Organisation vermögen nur wenige, außergewöhnliche Kinder zu gedeihen und sich zu entwickeln; aber Dutzende verkümmern dabei." S. 179 oben)

Korczak betont, dass ein Erzieher nicht verhindern kann, dass Bosheit von außen in das Internat dringt. Er steht unter dem Erwartungsdruck der Gesellschaft und seiner Vorgesetzten. Nach außen hin muss alles perfekt aussehen, wozu allerdings schon eine starke Hand und viele Verbote reichen und keine gute pädagogische Arbeit erforderlich wäre.

7. Verschiedenheit der Kinder

Janusz Korczak stellt den Grundsatz der absoluten Gleichheit der Kinder in Frage indem er feststellt, dass die Kinder nun mal völlig verschieden sind. („Es kann dir nicht verborgen bleiben, dass ein Kind öfter etwas verliert, das andere eher etwas findet, dass eine einen Knoten macht, das andere sie auflöst. Eines kränkelt oft, das andere ist immer gesund." S. 166 unten) Er hält dieses Prinzip für unwahrhaftig in sich.

8. Selbstständigkeit der Kinder

Man soll die Kinder nicht mit Hinweisen, Anweisungen und Verboten überschütten. Nach Korczaks Meinung suchen die Kinder von selbst Rat, wenn sie es für nötig halten und nur dann wird das Kind die Anweisungen auch richtig aufnehmen. („Ein Kind, das nach einem guten Rat, nach einem Hinweis für sein Handeln hungert, wird ihn aufnehmen, verdauen und sich zu eigen machen; einem mit Moralpredigten überfütterten Kind aber wird übel werden." S. 224 Mitte).

9. "Lieblingskinder"

Jeder Erzieher findet andere Kinder sympathisch. Es kommt beispielsweise darauf an, welche Interessen der Erzieher hat.(„aber unter den vielen, die du gern magst, liebst du eines als das dir am nächsten stehende Wesen" S. 172 Mitte) Der Erzieher sollte diese Zuneigung zu einem bestimmten Kind nicht versuchen zu verbergen, da die Kinder dies merken würden. Er soll dazu stehen, dass ihm ein Kind lieber ist als andere, soll es aber nicht bevorteilen. („Verbirg diese Vertrautheit nicht: dein Lächeln, der Klang deiner Stimme, dein Blick verraten dich. Und die anderen Kinder? Sei unbesorgt; denn sie haben jemanden, der sie besonders gern hat." S. 172 unten)

Kein Erzieher kann sich davon freisprechen, ein „Lieblingskind" zu haben, denn dies sieht Korczak als völlig natürlich an."(Vielleicht gibt es Erzieher, denen die Kinder eines wie das andere gleichgültig oder verhasst sind; aber keinem sind alle in gleicher Weise lieb." S. 176 Mitte).

10. Rechte des Kindes

Auch in dem Kapitel, „Das Internat" erwähnt Korczak die Rechte des Kindes.

Ein Kind hat das Recht darauf, zu verlangen, dass sein Kummer, seine Wünsche und seine Fragen beachtet und ernstgenommen werden.

Ein wichtiger Grundsatz für ihn lautet: „Ein Kind soll ruhig unrecht tun." ([...] „Denken wir daran, dass wir in Augenblicken harten Ringens vielleicht nicht da sein können." [...] „Denken wir daran, dass seine moralische Widerstandskraft im Gefecht mit dem eigenen Gewissen üben und wachsen soll." (S. 204 unten) [...] „Lass die Kinder Fehler machen!" S. 205 unten). Die Kinder müssen ihre eigenen Erfahrungen machen, da der Erzieher sie auf das spätere Leben außerhalb des Internates vorbereiten muss, wo sie auch alleine zurechtkommen müssen.

Korczak bemerkte, dass er zwar die Kinder oft fragte, wie es ihnen gehe oder sie kurz über den Kopf streichelte. Die Kinder gingen darauf aber kaum ein. Er begriff: „in diesen gewohnheitsmäßigen, leichthin gestellten Fragen erblickt ein Kind weder ein aufrichtiges Interesse, noch eine Möglichkeit, eine Bitte vorzubringen." (S. 219 Mitte) Er vergleicht diese Situation mit der Situation eines Patienten, der, wenn der Arzt kurz zur Visite hereinkommt, auch nur schnell sagt, es ginge ihm besser.

Korczak hat durch diese kurze Aufmerksamkeit zwar vielen Kindern Aufmerksamkeit geben wollen, erreichte aber nur das Gegenteil und keines hat sich ernsthaft beachtet gefühlt.

11. Wünsche der Kinder

Ein Erzieher darf Wünsche der Kinder nicht von vornherein zurückweisen. Einfache Wünsche, wie z.B. wenn ein Kind neben seiner Freundin sitzen möchte, kann man durch monatliche Erlaubnis der Platzwechsel erfüllen. Einfache, alltägliche Wünsche lassen sich meist problemlos erfüllen.

12. Strafen

Ein wichtiges Thema im Internat scheint für Korczak die Art der Bestrafungen zu sein. „Bei mir gibt es keine Strafen" Ein Erzieher der dies sagt, ahnt manchmal gar nicht, dass es sie bei ihm nicht nur gibt, sondern dass sie sogar sehr streng sind. Wenn zum Beispiel ein Kind zur Strafe mit den jüngeren schlafen gehen muss, bedeutet dies, es wird seiner Rechte und Privilegien beraubt.

Eine sehr schlimme Strafe ist es, wenn der Erzieher zwar nicht direkt bestraft, sondern sich „frostig verhält". Auch die leere Drohung ist meist schlimmer als eine direkte Strafe. Manchmal erteilt der Erzieher keine fest umrissenen Strafen, wie „Du wirst schon sehen, das nimmt ein böses Ende" oder „ich sage es dir zum letzten Mal". Hierbei nimmt das Kind die Drohung ernst und wartet ständig auf die Strafe, lebt in Ungewissheit, denkt, du bist ihm noch böse.

Eine ebenso harte Art zu strafen ist die ständige Geringschätzung und erniedrigende Resignation. Dies führt nämlich dazu, dass das Kind ausgelacht wird.

Den Vorteil von Strafen sieht Korczak in der indirekten Wirkung: Nachdem mit einem Kind zu stark geschimpft wurde, trösteten die anderen es und sie lernten dadurch Solidarität zu zeigen.("So oft ich selbst eine „große Szene" gemacht habe, so oft gab es da neben dem Unbehagen auch eine beglückende Erfahrung: *einem* Kind hatte ich Unrecht getan, aber *viele* hatte ich eine große Tugend gelehrt – die Solidarität im Unglück. Die kleinen Gefangenen wissen, wie Schmerz tut" S. 187 Mitte)

Kinder verabscheuen kollektive Beschuldigungen, wie „Wieder habt ihr...", „Die Mädchen haben,...". Der Schuldige ist froh, weil er nicht den ganzen Zorn allein abbekommt, aber den vielen Unschuldigen wird damit Unrecht getan. Außerdem darf man ein Kind nicht ,weil es als weniger empfindlich gilt, härter oder öfter bestrafen als andere. „Es weiß, dass du drei anderen Kindern gegenüber nachsichtig warst; ihm aber hast du eine ungerecht Strafe auferlegt" (S. 191 Mitte)

Auch umgekehrt darf dies nicht der Fall sein. Kein Kind darf aus irgendwelchen Gründen vor einer Strafe bewahrt werden. Die Kinder merken dies und fühlen sich ungerecht behandelt. (z.B.: „wenn ich das gemacht hätte" oder „der darf alles"...).

13. Kritik am Internat

Korczak beschreibt die Zustände in einem Internat als kaum geeignet, um eine geeignete Erziehung zu ermöglichen. Um diese Umstände zu erläutern, führt er folgenden Vergleich an: „Kinder sind zänkisch?" Nein, es liegt an den Bedingungen mit denen sie leben. „Versuch doch einmal, 40 Beamte in einem Raum auf unbequemen Bänken unter ständiger Kontrolle ihres Vorgesetzten zu halten – sie werden einander die Augen auskratzen." (S.194 oben)

Für Korczak ist es zuviel erwartet, wenn man meint, im Internat könne man die Kinder richtig, den Erwartungen der Gesellschaft entsprechend, erziehen.(„...Das Leben im Internat ist deswegen so trübe, weil wir sein ideelles Niveau allzu hoch ansetzen. Zum hundertsten Mal – im Kasernenleben eines Internats wirst du weder wunderbar einheitliche Rechtschaffenheit noch ängstliche Reinheit heranbilden, noch auch jene unbefleckte Unschuld der Gefühle, die nichts von der Existenz des Bösen weiß." S. 206 oben)

14. Recht auf Geheimnisse

Ein weiteres Recht des Kindes, das Recht, Geheimnisse zu bewahren, erläutert Korczak sehr umfangreich. Er hält es für wichtig, dass ein Erzieher nicht versucht, jedes Geheimnis eines Kindes zu erfahren. Die Kinder sollen selbst entscheiden können, was sie erzählen möchten. Wenn ein Kind sich eigenartig verhält und nicht erzählt, was los ist, soll der Erzieher sich dies notieren und es nach einiger Zeit danach fragen. Vielleicht möchte es es erzählen, wenn es nicht mehr so aktuell ist. Wenn der Erzieher erzwingt, dass ein Kind ein Geheimnis verrät, bringt man es in Gewissenskonflikte. Im Gegensatz dazu meint Korczak, wenn ein Kind freiwillig ein Geheimnis anvertraut: „dann sei froh; denn sein Zutrauen ist die größte Belohnung, das beste Zeugnis." (S. 200 Mitte)

Ein Erzieher soll Kinder offen ihre Geheimnisse bekunden lassen, auch wenn sie nicht den „heiligen Geboten entsprechen" (S. 207 unten).

Wenn ein Kind dem Erzieher ein fremdes Geheimnis anvertraut, so ist damit immer der ungewollte Vorwurf verbunden, dass er seine Pflicht nicht erfüllt hat, weil er nicht Bescheid wusste.

15. Vergleich: Internat - Klinik

Da Korczak auch Arzt war, vergleicht er das Internat oft mit einer Klinik. („Ein Waiseninternat ist eine Klinik, wo man alle Beschwerden des Leibes und der Seele vorfindet, und dies bei schwacher Widerstandsfähigkeit des Organismus; wo eine kranke Erbanlage eine Genesung verzögert und behindert. Und wenn ein Internat keine sittliche Heilstätte ist, dann ist es in Gefahr, ein Ansteckungsherd zu werden." S. 159 unten - S.160 oben)

Den Erzieher vergleicht Korczak mit dem Arzt, der ebenfalls Symptome wie, Lachen, Erröten, Weinen erkennen muss. Wie Husten unterschiedlich sein kann, so gibt es verschiedene Arten von Weinen mit unterschiedlichen Ursachen, die der Erzieher herausfinden muss. Das Lob, die Ermahnungen und Reaktionen des Erziehers sind vergleichbar mit Medikamenten („Bemühungen, die der Heilung dienen." S. 224 oben).

16. Der "Gute Erzieher"

In Korczaks Augen macht es einen „guten Erzieher" aus, wenn dieser nicht von sich selbst verlangt, ein vollkommener Erzieher zu sein. Er nimmt seine eigene Jugend als Hilfe statt Lehrbücher. Wenn ein Kind die Erzieherrolle übernehmen soll, beispielsweise im Tagesdienst, dann fällt es ihm meist leichter, mit den anderen fertig zu werden als einem Erwachsenen. Die Kinder fürchten das Kind im Tagesdienst mehr als den Erzieher, denn es weiß alles, weil es immer unter ihnen ist.

Auch gute Erzieher müssen Fehler machen können, müssen aber aus diesen Fehlern lernen, so dass sie sich nicht wiederholen. („Es gibt Fehler, die du immer wieder begehen wirst, denn du bist ein Mensch und keine Maschine." (S. 179 oben) „Du wirst all diese Fehler begehen; denn nur der allein begeht keine Fehler, der überhaupt nichts tut." (S. 180 unten) „die guten Erzieher unterscheiden sich von den schlechten nur durch die Anzahl der begangenen Fehler, des begangenen Unrechts." S.181 unten)

Wenn ein guter Erzieher ein Kind nicht versteht, wird er nicht unwillig, sondern er forscht weiter, bis er den Hintergrund erkannt hat. Er denkt auch über noch so unwichtig scheinende Episoden nach, da sie für die Kinder von ernster Bedeutung sein können. Wenn der Erzieher bei jedem Vergehen, das er bemerkt, sofort Alarm schlägt, schließen die Kinder daraus, dass er nicht Bescheid weiß, solange er schweigt. Ein guter Erzieher beobachtet also die Situation eine Weile, bevor er einschreitet. Einige Situationen stellen sich dann auch als unwichtig oder bereits erledigt heraus.

Zum Vergleich eines guten und eines schlechten Erziehers, führt Korczak folgendes Beispiel an: Beide wissen, „dass ein Kind durch einen Schlag ins Auge erblinden kann, dass immer die Gefahr droht, sich eine Hand zu brechen oder den Fuß zu verstauchen;" (S. 163 Mitte) Aber nur der gute Erzieher „erinnert sich auch an die zahlreichen Fälle, da ein Kind beinahe ein Auge verloren hätte, um ein Haar aus dem Fenster gestürzt wäre, sich hart stoßen oder ein Bein hätte brechen können. In Wirklichkeit kommen Unglücksfälle verhältnismäßig selten vor; aber –und das ist noch wichtiger -, man kann sie nicht verhindern." (S. 163 Mitte)

In dieser Ausarbeitung habe ich die Darstellungen Korczaks beschrieben. Er stellt in diesem Kapitel verschiedene Anforderungen an einen „Guten Erzieher", die trotz der langen Zeit, die seit seiner Verfassung vergangen ist, und trotz der starken Veränderung der gesellschaftlichen Umstände, immer noch sehr aktuell sind. Korczak ist es gelungen, durch viele Beispiele zu verdeutlichen, wie genau er die Kinder beobachtet hat, um diese Aufzeichnungen machen zu können.

Literatur: Janusz Korczak: „Wie man ein Kind lieben soll." (1918), Göttingen 1967, Vandenhoeck & Ruprecht
Zitiert nach der 11. Auflage 1995